AU BON SENS

DU PEUPLE.

———•◦◦◦◦•———

PAR L. CORRENSON,

ANCIEN MAGISTRAT.

———•◦◦◦◦•———

Prix : 25 c.

———•◦◦◦◦•———

PERPIGNAN,
IMPRIMERIE DE Mlle ANT. TASTU, RUE DE LA PRÉFECTURE, 3.

—

1849.

AU BON SENS DU PEUPLE.

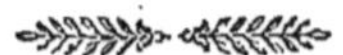

Avant-Propos.

J'ai vu de tels abus de l'esprit, de l'imagination et même du savoir, que j'ai pris en grande estime le bon sens, ce bon sens du peuple qui n'a été gâté ni par l'orgueil ni par l'ambition. Nous nous plaignons souvent des préjugés de la multitude, de la facilité avec laquelle elle accueille les mauvaises doctrines. Mais n'est-ce pas un peu notre faute? pourquoi ne cherchons-nous pas à l'éclairer? N'allez pas me dire : le peuple ne vous comprendra pas. Il me comprendra, si je fais effort pour me faire entendre ; si animé d'amour fraternel je tâche de me mettre à sa portée. Nous accusons tout le monde des maux qui nous frappent et qui menacent notre avenir. Mais il faudrait en accuser un peu notre indifférence ou notre amour extrême du repos. Cette révolution nouvelle n'aura pas été inutile à l'humanité, malgré les souffrances qu'elle lui a causées, si elle parvient à rapprocher les hommes, à effacer la distinction des classes ; si elle fait sentir à tous, le besoin qu'ils ont les uns des autres. Elle aura ainsi brisé l'orgueil des uns et diminué l'envie des autres.

Hommes éclairés, je n'ai pas la prétention de rien dire de nouveau pour vous, je tâcherai seulement de dire avec clarté des choses communes. Hommes du peuple, ces choses communes sont les vraies, les utiles. Puissent-elles dissiper les funestes idées qui assiégent vos esprits ! puissent-elles surtout vous mettre en défiance contre les excitations de ceux qui veulent vous faire servir d'instrument à leur ambition !

CHAPITRE Ier.

Que le malaise du pays ne provient ni de la Monarchie, ni de la République, mais qu'il est la suite inévitable d'une révolution.

La France est malade ; elle souffre par l'ambition des partis, par la ruine du commerce, par la charge énorme des impôts ; elle souffre et dans le pauvre et dans le riche ; à tant de maux, il faut un remède, et chacun d'offrir le sien. Les uns disent : la détresse du pays n'existe que depuis le moment où la République s'est substituée à la monarchie, renversons la République et le mal disparaîtra ; et ils oublient que le jour des funérailles de la République sera celui où trois prétendans viendront se disputer sa succession, sans compter les révolutionnaires de toute couleur, ses héritiers naturels. D'autres vous disent : si la révolution n'a pas réalisé tout le bien qu'elle ayait promis, c'est qu'elle a été détournée de son cours naturel ; faite au nom et dans l'intérêt du peuple, elle a été livrée à ses anciens ennemis, les riches, les banquiers, les corrompus de tous les regimes ; mais qu'on nous rende le pouvoir, et nous fonderons le gouvernement populaire, et nos frères qui souffrent seront soulagés ; et ces gens-là oublient que pendant quatre mois ils ont exercé la dictature, pour aboutir à ruiner le commerce, à écraser l'agriculture d'impôts, à aggraver la misère du peuple, et lorsque l'ouvrier réduit au désespoir est venu, en juin, leur demander du pain, ils lui ont donné de la mitraille. D'autres enfin, plus hardis ou plus insensés, disent : la propriété, la famille, mauvaises institutions qui n'ont servi jusqu'à ce jour qu'à l'égoïsme du riche pour exploiter le pauvre ; morale, religion, funestes préjugés qui ont consacré et rivé les fers de l'humanité. La vieille société ne vaut rien, elle est à refondre toute entière ; prenez nos systèmes, choisissez : Proudhon, Cabet, Leroux, Fourier, ces apôtres nouveaux vous ouvrent le paradis terrestre qui doit remplacer le paradis d'une religion surannée, et ceux-ci oublient à leur tour que ces hommes ont fait dès longtemps justice de leurs extravagances et qu'elles ont été ou la risée ou la malédiction des siècles passés.

Je ne réfuterai point ici les doctrines socialistes ; le peuple pour qui j'écris les ignore ; les connut-il mieux, son bon sens en ferait facilement justice ; mais il est des idées beaucoup plus dangereuses qui s'adressant à l'envie et à la cupidité, ces vieux fermens du cœur humain, ne laissent pas de se colorer d'une apparence de justice. Concitoyens, défiez-vous de ceux qui viennent avec des paroles de commisération pour vous, et des paroles de haine pour leurs adversaires ; leur bouche déborde du fiel et du venin dont leur cœur est rempli ; ces gens là vous disent ;

Si vous souffrez, c'est la faute du riche ; si le commerce et l'industrie sont paralysés, si l'ouvrier ne travaille pas, si la consommation diminue, si la denrée ne se vend pas, c'est la faute du riche qui, en haine de la révolution, ferme sa bourse et condamne le peuple, pour le soumettre à la misère et à la faim. Affreuse calomnie ! qui avant de dépouiller le riche, s'efforce de le déshonorer. Or, voici la vérité : le lendemain d'une révolution, l'alarme est générale ; riche ou pauvre, chacun voudrait reprendre l'argent qu'il a prêté au commerce ; le négociant est assiégé par une foule avide, la caisse s'épuise avec rapidité, elle est à sec avant qu'elle ait pu satisfaire à tous ses engagemens ; obligé de suspendre ses paiemens, il commence une liquidation ruineuse pour lui et ses créanciers; dès-lors les comptoirs et les ateliers se fermant, l'ouvrier perd son gagne-pain ; forcé d'abord à réduire sa dépense au plus strict nécessaire, il est bientôt exposé à périr de faim, si cet état se prolonge. De son côté, le capitaliste, qui voit tarir une des sources de son revenu, et ne peut arracher des mains du commerce sa fortune qu'en lambeaux, n'ose plus confier son argent à personne, il vit sur son capital ; il ne fait plus réparer sa maison, il n'achete plus ni meubles ni vêtemens, il diminue les frais de sa table et de son logement, il renvoie une partie de ses domestiques. Pour ceux qui sont ruinés, négocians ou capitalistes, et le nombre en est grand, l'économie est le résultat forcé de leur nouvelle condition. Voilà donc que la consommation générale a partout diminué ; par suite, la denrée et la marchandise restent plus abondantes et baissent de prix ; bien plus, comme l'une et l'autre ne se consomment pas dans les pays qui les ont produites, et tant s'en faut, mais bien sur les marchés où elles sont transportées par l'intermédiaire du commerce, il arrive ceci, qu'une fois les négocians ruinés ou intimidés, le blé, le vin, l'huile et toutes les denrées restent sur place faute d'acheteurs, ou n'en trouvent qu'à vil prix ; il en est de même, et encore pis, pour la marchandise ; moins nécessaire à la subsistance de l'homme, elle reste ensevelie dans le magasin du manufacturier. Cependant l'ouvrier des grandes villes est le premier atteint, car la diminution de consommation porte d'abord sur tous les objets de luxe; si le chômage continue, il a bientôt épuisé ses dernières ressources, il est à la veille de périr de faim ; dans son désespoir il s'agite, il menace, la société attendrie ou effrayée est obligée de venir à son secours. Si quelques maisons de commerce ont survécu à la ruine générale, si quelques manufacturiers ont maintenu leurs ateliers ouverts, l'Etat vient à leur aide et met quelques fonds à leur disposition. On continue ainsi à fabriquer sans être sûr d'écouler le produit de la fabrication, mais du moins un certain nombre d'ouvriers trouvent encore le travail et le salaire ; que faire cependant pour cette masse d'ouvriers dont les ateliers sont restés fermés ? Il ne faut pas les humilier par l'aumône ; alors le gouvernement leur remet une pioche et les envoie remuer la terre à deux francs par jour ; ce sont là les ateliers nationaux. Maintenant demandez-vous d'où le gouvernement tire l'argent avec lequel il soutient le commerce expirant et nourrit l'ouvrier affamé. L'Etat n'a pas de richesses qui lui soient propres, ses revenus sont les revenus des contribuables, c'est l'impôt, l'impôt levé sur tous les citoyens qui possèdent quelque chose : riches ou pauvres, il faudra donc aggraver la charge des contributions. Mais pourquoi, direz-vous, ne pas la faire porter uniquement sur les riches ? Pourquoi ? Je ne vous dirai pas, parce que ce n'est pas juste. En d'autres temps cette raison aurait suffi, dans le nôtre je vous en donnerai une meilleure : c'est parce que cela est impossible.

En temps ordinaire, en temps calme, il y a peu de riches, et vous seriez surpris si l'on vous disait ce qu'il en reviendrait à chacun dans le cas où l'on partagerait entre tous les habitans le revenu de tous les riches du département (1) ; mais en révolution il n'y a plus de riches et voici comment : je viens de vous montrer les banquiers, les négocians, les industriels tombés en faillite ou se soutenant à peine ; je vous ai montré les capitalistes arrachant leur fortune en lambeaux à la ruine du commerce, les propriétaires qui exploitent vendant mal leurs denrées, les propriétaires qui afferment ne touchent pas la rente du fermier qui vend tout aussi mal ; alors comment songer à demander à des gens qui ont perdu tout ou partie de leur revenu, je ne dis pas seulement le double ou le triple de leurs contributions, ce serait peu pour remplir la caisse de l'Etat, si la charge doit peser uniquement sur les riches, mais leur revenu ordinaire tout entier ? Vous me répondrez peut-être : les propriétaires ont des maisons et des terres, les capitalistes ont des meubles, qu'ils les vendent et qu'ils payent, sinon l'Etat se saisira de leurs biens et les vendra pour eux ; à cela, il n'y a qu'une difficulté : qui les achetera ? Ce sont les riches qui achetent, et s'il n'y a plus de riches, comment le particulier ou l'Etat qui prend sa place, trouveront-ils à vendre ? mais l'Etat, diront d'autres, n'a pas besoin d'en venir à une pareille extrémité, il émettra un papier qui aura pour garantie les biens du riche. Je réponds : c'est reculer la difficulté et non la résoudre ; car si les biens ne doivent pas trouver d'acquéreurs, la garantie est nulle, ce papier est du papier, rien de plus Les citoyens n'en voudront pas ; essaiera-t-on de forcer les citoyens à le prendre en punissant le refus d'une peine terrible ? Triste expédient ! rigueur inutile ! Ce que ne put obtenir la première révolution avec la guillotine en permanence, vous ne l'atteindrez pas davantage ; votre papier-monnaie restera sans valeur et l'Etat fera banqueroute. Mais vous allez me dire : qu'est donc devenu l'argent, il est bien quelque part ? en fouillant la maison des riches on le trouvera bien. Erreur ! S'il en existait, on aurait beaucoup de peine à le découvrir, car il n'est rien de si facile à cacher ; mais, en réalité, il n'en existe pas, ou n'en existe que très peu. L'homme du peuple s'imagine que tout riche possède un coffre-fort, ou un tiroir bourré d'or et d'argent, il se trompe ; peut-être existe-t-il encore en ce monde quelqu'avare épris du métal jaune, qui contemple avec amour le type et l'effigie de la pièce, mais cette manie devient tous les jours plus rare ; chacun sait, et l'avare de notre temps mieux que tout autre, qu'un sac de mille fr. dans une armoire au bout de l'an n'est toujours que mille francs, mais que la même somme placée à bon intérêt vaut au bout de l'an mille cinquante, mille soixante francs, et quelquefois bien davantage. Aussi, dans la plupart des maisons, même les plus riches, on ne conserve guère que la quantité de numéraire indispensable pour la dépense courante ; il y a donc une grande illusion à s'imaginer qu'en fouillant la demeure des riches on y découvrirait beaucoup d'or et d'argent ; on y trouverait des titres, des créances, du papier, mais c'est tout. En réalité, chez une nation il existe très peu de monnaie ou de métal par rapport aux immenses valeurs mobilières ou immobilières ; mais comme en temps de sécurité il ne cesse de circuler, que la même pièce en un jour reparaît en vingt mains différentes, il semble que le numéraire soit en très grande quantité tandis qu'il n'en est rien.

La monnaie, dans le corps social, fait l'office du sang dans le corps de l'homme ; quelques livres qui circulent partout suffisent pour en entretenir la vigueur et la santé ; qu'il s'arrête un instant, ou qu'il s'échappe, le corps

---

(1) Sur les dernières listes électorales de la monarchie, on trouve pour notre département 290 électeurs payant 500 fr. de contributions et au-delà. Une contribution de 500 fr. suppose au plus, sans déduction de dettes, un revenu net de 4,000 fr. Dans un département comme celui-ci où presque toute la fortune repose sur la terre, on peut dire que ces 290 électeurs sont comme la fleur de la richesse du pays. J'ai fait la somme de leur revenu et l'ai partagée entre les 180,000 habitans du département, j'ai trouvé qu'il reviendrait à chacun près de 4 centimes, moins d'un sol par jour. En compensation j'ai réduit à la mendicité 290 familles riches.

tombe en langueur et dépérit. De même , dans la société , quand le numéraire se cache et cesse de circuler , le mouvement commercial s'arrête , les transactions sont suspendues , la denrée et la marchandise sont frappées d'immobilité , le corps social languit et se meurt ; rétablissez la circulation et l'activité et le travail vont reparaître , et le commerce , l'industrie, l'agriculture , vont respirer et renaître.

Donc , quand on accuse le riche d'égoïsme ou d'un féroce calcul , quand on le représente comme l'auteur de la détresse générale , on le calomnie de la plus affreuse manière. Négocians , banquiers , manufacturiers , spéculateurs , millionnaires de la veille , forcés à une liquidation désastreuse , la révolution les a ruinés , et on les calomnie ! Capitalistes , rentiers, prêteurs de toute condition , riches ou pauvres , qui ont confié au commerce et à l'industrie tout ou partie de leur avoir, la révolution les a ruinés en tout ou partie , et on les calomnie ! Capitalistes qui ont prêté à l'agriculture, propriétaires qui ont donné à ferme leurs maisons ou leurs terres , propriétaires qui ne vendent plus leurs denrées ou les cèdent à vil prix , la révolution leur a fait perdre tout ou partie de leurs revenus, et on les calomnie ! Et maintenant venez à tous ces gens qui sont dans la ruine ou la gêne , venez leur demander non le double , le triple de leurs contributions , ce serait peu , si vous entendez remplir la caisse de l'Etat avec l'argent des riches seulement; mais venez leur demander leur revenu tout entier, chacun vous dira : mon revenu de cette année, mais je l'ai perdu , ou il me suffit à peine pour vivre, et si vous lui répondez: vendez vos biens , il me faut votre revenu ordinaire, il vous répliquera : comment cela est-il possible , si ceux qui en d'autre temps auraient pu me l'acheter sont dans une situation pareille à la mienne?

Et alors que penser de ces révolutionnaires qui ont ruiné les riches et qui viennent leur reprocher d'accaparer l'argent qu'ils leur ont fait perdre , et cependant , après tout , le moindre de leur tort est de calomnier le riche , leur crime , je le jure , leur plus grand crime, est d'affamer le pauvre. C'est ce que je montrerai dans le chapitre suivant.

CHAPITRE II.

Que si la révolution ruine le riche , elle affame le pauvre.

INDIVISIBILITÉ DE LEURS INTÉRÊTS.

Ouvriers, artisans, cultivateurs, paysans, vous tous qui vivez de vos bras, vous dont le travail subvient à tous les besoins de la société humaine , c'est vous d'abord qu'on ruine , vous qu'on réduit à la misère et bientôt au désespoir. Le riche perd sans doute le fruit de son économie ou de son industrie; le riche souffre, le riche se met à la gêne, mais enfin , le riche mange ; il lui reste toujours un peu d'argent ; il a d'ailleurs du bien , et tant qu'il n'est pas atteint par la confiscation, il trouve quelque crédit. Mais vous , mes concitoyens, qui vivez au jour le jour de l'emploi de vos bras, comment vous nourrir , si le travail vient à vous manquer par suite de la ruine du commerce et du désordre de la société? Ceux d'entre vous qui cultivent la terre , sont, à la vérité , moins exposés à périr de faim ; le propriétaire , le fermier ne peuvent se dispenser de faire labourer leurs champs , ne serait-ce que pour s'alimenter; ils paieront vos journées en denrées, s'ils ne le peuvent autrement. Mais les ouvriers , mais les artisans de toute profession , tous ceux qui reçoivent leur salaire en argent de ceux qui ne peuvent l'acquitter qu'en argent, comment tous ceux-là s'arrangeront-ils ? Que deviendront surtout ces ouvriers entassés dans les grandes villes , qui ne vivent que de leur opulence ? Ce sont les grands artisans des révolutions ; mais ce sont aussi les premiers atteints et les premiers punis. Cependant, la société ne peut se résigner à les voir dévorer par la misère ; il faut commencer par nourrir ceux-là. Alors la campagne doit porter secours à la ville. Ce sont les propriétaires, les cultivateurs qui devront sustenter les ouvriers des grandes cités. Le gouvernement réclamera un surcroît de contributions. Mais comment l'exiger si la denrée ne se vend pas ou se vend mal ? N'importe, le percepteur est là , il faut payer , il faut vendre à tout prix , il faut se détacher de son dernier écu pour acquitter l'impôt. Mais comme conséquence , le propriétaire et le fermier diminueront bientôt le prix de la journée , ou ne la rétribueront qu'avec une denrée avilie. C'est donc vous tous , mes rudes concitoyens , cultivateurs de la terre , qui travaillerez pour tout le monde avec moins de profit pour vous , tandis que vos frères des villes , humiliés et souvent dégradés par leur oisiveté , recevront de vous leur pain quotidien.

Tirons de ceci cette conclusion , que les intérêts de nous tous , membres de la famille humaine , sont invinciblement liés les uns aux autres : celui du paysan avec celui de l'ouvrier ; celui de l'ouvrier avec celui du manufacturier et du négociant , celui du négociant avec celui du capitaliste ou propriétaire , enfin , l'intérêt de ce dernier avec celui du paysan , en un mot , celui de l'industrie avec celui de l'agriculture , dans toutes les conditions diverses de fortune. Et qui veut briser, quelque part, la chaîne qui rattache tous les hommes les uns aux autres , s'expose à engloutir la société dans un abîme de misères.

Les hommes qui vous montrent le riche, en temps de révolution, fermant la bourse pour dompter le peuple par l'épuisement de la misère , vous le représentent, en temps de paix , remplissant cette même bourse avec l'or exprimé de la sueur du peuple. Autre calomnie aussi odieuse que la première ! Autrefois, quand on parlait avec envie du riche , le peuple disait : Eh bien ! qu'il dîne deux fois ! mot profond dans sa simplicité. Non , mes concitoyens , le riche ne dîne pas deux fois, ne peut pas dîner deux fois. Souvent son estomac ne vaut pas le vôtre ; et si , en qualité , son repas est supérieur au vôtre , il lui est bien souvent inférieur en quantité. Il en est à peu près du vêtement comme de la nourriture , il ne lui est pas donné d'en user plus que vous ; s'il porte les siens moins long-temps , un autre , moins riche, achève de les user. Que fait donc le riche de ce superflu qu'on veut forcer le pauvre à considérer avec envie ? Le voici : il plante, il bâtit ; mais est-ce lui qui plante et bâtit, ou bien des ouvriers qui reçoivent de lui un salaire ? Qu'en fait-il encore ? il orne ou répare sa maison , il la remplit de meubles et d'étoffes plus ou moins précieuses. Mais est-ce lui qui fait ces réparations, ces meubles, ces ornemens, ou bien sont-ce des ouvriers ? Qu'en fait-il encore ? il achète, pour lui, sa femme et ses enfans, des vêtemens , des bijoux , du linge, des dentelles , des voitures. Mais est-ce lui qui fait toutes ces belles choses ? ou bien des ouvriers, maîtres, apprentis, artisans de toute profession? et chacun ne reçoit-il pas son salaire ? Vous allez me dire : bon pour les riches qui dépensent leur superflu , et dont la dépense alimente les arts et l'industrie ; mais il en est beaucoup qui entassent sans profit pour personne.

Expliquons-nous. Croyez-vous que ces derniers entassent, dans leurs caves ou leurs coffres-forts, l'or sur l'or, l'argent sur l'argent? Serait-ce vrai que le dommage occasionné par eux à la société ne serait pas celui que vous vous figurez ? Mais ne vous ai-je pas dit que l'avare de nos jours était trop éclairé pour faire une pareille sottise ? Il y a deux sortes de riches : celui qui répand son argent en dépenses inutiles pour lui, mais cependant toujours profitables aux autres, et celui-là ne l'est pas long-temps ; et le riche, qui fait circuler son argent dans le commerce, l'industrie ou l'agriculture, avec assez d'intelligence pour le rappeler à lui après qu'il a profité aux autres. L'avare de notre temps est dans cette catégorie, mais avec ce cachet particulier que, riche, il vit comme un pauvre, il se serre le ventre comme lui ; mais sans doute, la denrée, qu'il ne consomme pas, fait profit à d'autres. Le riche n'est donc point un vampire qui suce le sang du peuple et qui engloutit dans son ventre la nourriture de vingt familles. Le riche, à un certain point de vue, c'est l'administrateur, c'est l'économe du capital. (1)

Si l'argent se concentre un instant entre ses mains, il en sort bientôt pour se distribuer avec intelligence sur la société entière, pour en alimenter et développer toutes les industries.

Supposez un instant la richesse également répartie entre tous les citoyens : chacun de nous est devenu possesseur d'un lopin de terre, d'une part de maison, de fabrique, de métier. Que ferons-nous de ces biens, dont le revenu actuel a été évalué à 55 cent. par jour pour chaque homme, mais qui, divisés en trente-cinq millions de parcelles, perdraient, par le fait même de la division, leur plus grande valeur ? Avec cette égalité, je ne puis pas dire de richesse, mais de pauvreté, que deviennent, non-seulement tous les arts de luxe, mais la plupart des arts utiles ? Que deviennent les sciences elles-mêmes ? Il faut du temps et du loisir pour les cultiver, et cela suppose déjà un capital assez considérable. Peut-on devenir savant et bêcher la terre tout le jour ? Comment songer à se livrer à l'étude, s'il faut d'abord gagner, avec ses bras, son pain quotidien et celui de sa famille ? Il faut donc renoncer aux mathématiques, à la physique, à la chimie, à la médecine, à la jurisprudence. Il faut éteindre le flambeau de la civilisation ; il faut reculer vers l'ignorance et la barbarie. Il est des gens qui s'imaginent que tout homme qui ne travaille pas de ses bras est un oisif, une sorte de parasyte qui vit aux dépens des autres. Quoi donc ! les inventeurs de tant de machines ingénieuses ont-ils moins contribué au bien-être de l'humanité que les ouvriers qui s'en servent ? et que font les bras de l'homme lui-même, si sa tête n'en dirigeait pas l'emploi ? En apparence pourtant la tête ne fait pas de si grands efforts. Donc, supprimer la richesse, c'est supprimer la science, les arts, l'industrie, le commerce, arrêter tous les progrès de l'agriculture. Au lieu d'une égalité impossible, c'est la plus profonde misère que vous réalisez, au milieu de la plus profonde ignorance. Concitoyens, voyez-vous cette neige qui brille entassée au sommet du Canigou et dans ses gorges profondes ? Supposez un instant qu'une main puissante vint tout-à-coup la répandre sur toute la surface du pays : Au premier rayon du soleil, elle fondrait et se perdrait dans la terre, sans profit pour personne. Bientôt vos torrens et vos canaux seraient à sec, et cette terre fertile du Roussillon ne serait qu'un désert aride qui maudirait son brillant soleil. Concitoyens, ces monceaux de neige, voilà l'image du capital accumulé. Complétez vous-même la comparaison et tirez la conclusion.

---

(1) Le capital est une accumulation plus ou moins considérable de biens : monnaie, marchandises, meubles, créances, maisons ou terres. Ce mot désigne souvent le principal de la fortune, quand on l'oppose au revenu qui en est le produit.

CHAPITRE III.

AGRICULTURE ET INDUSTRIE.

Que si le riche remplit un emploi utile dans la société ce n'est pas une raison pour en augmenter le nombre ni en accroître la richesse.

Le riche remplit un emploi utile dans le monde tel qu'il est organisé , son opulence nourrit l'artisan et l'ouvrier, je l'ai montré ; est-ce à dire maintenant qu'il faut multiplier les riches et leurs richesses ? loin de là. Je prends la société qui est sous mes yeux et je dis : en ce moment détruire la richesse ou s'attaquer au luxe, c'est affamer l'ouvrier ; quoique vous fassiez vous avez en France des multitudes , hommes, femmes et enfans, qui ne vivent que des arts du luxe, des besoins factices de l'opulence ; il faut qu'ils vivent, et c'est une cruauté autant qu'une dérision de dire à un ouvrier orfèvre, tourneur, tapissier, carrossier, tailleur, chapelier et mille autres : voilà deux francs et une pioche *vas bêcher la terre*, et à une ouvrière en modes, en dentelles, en passementeries : voilà un franc et une corbeille, *vas charrier de la terre*. Il faut donc respecter la richesse , rassurer celui qui la possède de peur d'enlever le pain à des milliers de familles; mais je me hâte d'ajouter : il faut bien se garder d'encourager le luxe ou de donner trop de développement à l'industrie , de peur de fonder l'opulence de quelques-uns sur la misère du plus grand nombre, et ceci m'amène à dire quelques mots sur une des plus grandes questions qui puisse s'agiter. Elle intéresse la France entière , mais bien plus particulièrement notre département des Pyrénées-Orientales ; cette question est celle-ci : le gouvernement doit-il encourager de préférence l'industrie ou l'agriculture ?

Depuis plus de trente ans les gouvernemens qui se sont succédés en France ont fait fausse route ; on dirait qu'ils se sont efforcés de transformer un pays essentiellement agricole en un pays industriel. Je n'entends pas blâmer ici tous les peuples qui s'adonnent à l'industrie ; il en est dont la terre est si pauvre ou si bornée, qu'elle ne suffirait pas à l'entretien de ses habitans. Pour ceux-là le commerce est une nécessité , mais ceux qui peuvent s'alimenter avec les produits de leur sol , sont imprudens de se livrer avec ardeur à la production industrielle. Quand une nation jusque là occupée de travaux agricoles se tourne vers l'industrie , il arrive ceci, que, comme le commerce offre des bénéfices et beaucoup plus prompts et beaucoup plus considérables, l'argent se porte de son côté. A ce jeu du commerce, les uns perdent , les autres gagnent ; mais, comme en toute sorte de jeux le nombre des perdans surpasse celui des gagnans, les derniers finissent par absorber l'enjeu des premiers ; en d'autres termes , le petit nombre dépouille le grand nombre. De là se forment des fortunes colossales. Cette richesse engendre biéntôt les arts de luxe, et en appelle vers elle tous les artisans. L'industrie se multiplie sous toutes les formes, et comme, dans ses jours de prospérité , elle offre à tous, aux capitalistes et aux ouvriers , un gain considérable, on voit bientôt s'établir une sorte de courant d'hommes et de capitaux, qui entraîne tout de la campagne à la ville. Dès lors les bras et l'argent manquent à l'agriculture, elle languit, et loin de se développer elle a peine à se soutenir. Alors un peuple commence à ne plus compter sur sa terre pour le nourrir. Avec les produits de son industrie il achète à l'étranger la denrée partout où elle se trouve à meilleur compte; cette importation diminue de jour en jour le bénéfice de l'agriculture du pays. Aussi, celui-ci ne tarde pas à quitter une profession ingrate, pour venir chercher à la ville de nouvelles ressources; il y envoie du moins ses enfans, si lui-même éprouve trop de regret à se séparer de l'héritage paternel. Et riche ou pauvre, tout agriculteur doit en venir là : l'un pour trouver un salaire plus élevé, l'autre pour conserver son aisance en embrassant quelque profession libérale. De là, abandon et dépérissement, ou tout au moins stagnation de l'agriculture. De là, multiplication des industries, surabondance des artisans, envahissement de toutes les carrières, assaut des fonctions publiques. Toutes les professions sont convoitées et disputées avec acharnement, excepté celle qui nourrit les hommes, l'agriculture.

Il est maintenant incontestable que si une nation pouvait se maintenir toujours à la tête de l'industrie, dominant toutes les autres par le bon marché et la supériorité de ses produits, elle s'enrichirait beaucoup, du moins en temps de paix, et rendrait les autres peuples ses tributaires, en les forçant à produire pour elle les denrées de première nécessité. Il est bon pourtant de faire observer que dans cette situation elle pourrait devenir très-riche sans être plus heureuse, car, d'une part, elle verrait la richesse se concentrer en un petit nombre de mains, selon ma remarque précédente, et d'autre part elle ne maintiendrait sa suprématie qu'en imposant les plus durs sacrifices à ses ouvriers, c'est-à-dire à la multitude. Mais enfin tôt ou tard d'autres peuples viendront lui disputer l'opulent monopole, ou bien une guerre surviendra et mettra obstacle au transport des marchandises, ou bien encore une révolution viendra troubler le travail de l'atelier et bouleverser toutes les conditions de la production. Alors éclate une de ses crises terribles qui mettent une nation à deux doigts de sa perte. Elle s'était habituée à compter sur les denrées de l'étranger pour sa subsistance et elles n'arrivent pas, elle comptait sur la vente de ses marchandises et elles ne se vendent pas, elle comptait sur la production industrielle, et l'atelier en révolution a cessé de produire. De là sortent deux fléaux pour la multitude : cherté des subsistances, perte du travail et du salaire.

La nation agricole possède moins de richesses, moins d'opulence, mais l'aisance y est plus générale et les premiers besoins sont mieux satisfaits chez la multitude. La population se distribue plus également sur toute la surface du pays ; et si la législation favorise la division des patrimoines, la terre, principale richesse, se partage tous les jours entre un plus grand nombre d'individus. Par conséquent, peu de grandes fortunes, peu de luxe, peu d'artisans, sinon dans les professions utiles, point de vastes cités. Si l'opulence ne s'étale pas chez elle avec éclat, du moins la misère ne s'y manifeste pas dans toute son horreur. Le paysan n'est point exposé au chômage, la terre veut être toujours cultivée, et plus elle l'est, plus elle rend. Si le numéraire est rare, il a plus de valeur. En tous cas, il est toujours possible de payer le salaire en denrées et le cultivateur n'est point exposé à périr de faim. Si le pays produit au-delà de ses besoins, il pourra s'enrichir par la vente de ses denrées, et si avec cela il sait entretenir les arts utiles de manière à s'affranchir de l'industrie étrangère, il pourra parvenir à un très-haut degré de prospérité.

En fesant ce tableau, je ne pouvais m'empêcher de songer à notre Roussillon qui est comme une petite nation au milieu d'une grande. Il n'existe pas un département en France où la vie soit plus facile et plus heureuse, à la grande majorité de ses habitans. Il ne doit pas ce privilége uniquement à la douceur de son climat, à la fécondité de son sol, à ses arrosages, à la variété de ses productions, mais il le doit surtout à ce qu'il est un pays essentiellement agricole, qu'il produit au-delà de la subsistance dé ses habitans et qu'il est capable de produire bien davantage. Ici, point de grandes villes, point de luxe, les inégalités de fortune inévitables sont rendues moins sensibles par la simplicité des mœurs; l'égalité et la liberté sont de vieille souche dans cette terre catalane. La population est répandue sur le territoire en proportion de la fertilité, la terre est divisée entre les mains d'une multitude de *pagés*, ou petits propriétaires. Le paysan qui ne possède pas un champ, et cela est rare, loue ses bras et trouve facilement le salaire indispensable. Les ouvriers du luxe n'existent pas, mais seulement les ouvriers des arts utiles, en nombre suffisant pour les besoins du pays, et dans les temps ordinaires, quand l'agriculteur vend bien ses denrées et n'est point écrasé par l'impôt, l'artisan trouve facilement des moyens d'existence dans une contrée où la denrée est à bon marché.

Le Roussillon est donc comme un département privilégié en France et néanmoins c'est un de ceux où les idées socialistes les plus contraires à ses intérêts se sont propagées davantage. Le fond de tous ces systèmes du socialisme est celui-ci : remplir et toujours la caisse de l'Etat afin de la verser, disent-ils, sur les citoyens pauvres. Comment notre peuple du Roussillon, si intelligent, ne se défie-t-il pas de ces gens qui veulent toujours remplir la caisse de l'Etat, à condition cependant d'en tenir les clefs? Espère-t-il en devenir plus riche? et le passé ne servira-t-il jamais de leçon pour l'avenir! Voyons, qu'est devenu le produit de l'impôt des 45 centimes? nos pauvres du Roussillon en ont-ils touché un liard? et des 190 millions trouvés dans les caisses de l'Etat, le lendemain de la révolution de février? de tous ces millions en est-il revenu un sou à notre population agricole? Maintenant j'applique le système de nos révolutionnaires; on va remplir la caisse de l'Etat avec l'argent des riches seulement, en attendant qu'on me montre ce que le peuple y gagnera, je vais lui dire ce qu'il y perdra : on aura écrémé la richesse du pays; les riches d'hier sont pauvres aujourd'hui, ils ne feront plus bâtir, ils ne feront plus réparer leur maison, ils ne feront plus d'amélioration à leurs terres, ils diminueront la dépense de leur table et de leur vêtement. Alors maçons, plâtriers, menuisiers, serruriers, vitriers, tailleurs, chapeliers, cultivateurs enfin, resteront plus ou moins inoccupés. Comment nos ouvriers de la campagne, ou de la ville, ne voient-ils pas que le riche ne dévore pas son or, mais qu'il le fait circuler par tout le pays, tandis que s'il en sort une fois par l'impôt, il n'y rentre plus. En vérité, mes amis, à votre place, au lieu d'applaudir à ces gens qui veulent fouiller la maison du riche pour y chercher des trésors qui n'y sont pas, je me mettrais en sentinelle à sa porte, afin que le jour où l'argent reviendra, il ne soit pas enlevé par le fisc, bien sûr que plus tard cette richesse se répandra sur tous comme une bienfaisante rosée, en travail et en salaire.

Mais, disent les socialistes, cet argent est pour nos malheureux frères des grandes villes. Il est bien plutôt, répliquerai-je, pour solder vos recrues révolutionnaires, vos fainéans, vos artistes en révolutions comme vous les nommez, mais surtout votre état-major de l'émeute. Ce que demandent nos concitoyens, ouvriers des grandes villes, ce n'est point l'aumône faite aux dépens de l'Etat ou des contribuables, mais le travail. Or, le travail se trouvera lorsqu'au lieu de menacer et d'effrayer le commerce, l'industrie et la richesse qui les alimente, on les rassurera en leur rendant sécurité et liberté. Nourrir la classe ouvrière des grandes villes, je le sais, c'est le grand problème de notre temps; et pour moi je ne connais que deux moyens pour le résoudre : ou l'aumône, ou le travail. L'aumône en dépouillant le riche, en lui ravissant le fruit de ses labeurs et de son économie, ou le fruit des labeurs et de l'économie de ses aïeux; l'aumône qui humilie le bon ouvrier, et finit par le dégrader; l'aumône enfin, qui condamne tôt ou tard le peuple des campagnes à nourrir le peuple des villes. A la vérité les socialistes ont soin de la déguiser sous un beau nom; ils l'appellent droit au travail. Quelle dérision! Ils s'imaginent payer le tribut à l'humanité en remettant une pioche et deux francs à nos plus habiles et ingénieux ouvriers, n'ayant d'ailleurs rien à donner à ces milliers d'hommes, de femmes et d'enfans qui sont incapables de faire un semblant de remuer la terre

L'autre moyen de faire vivre l'ouvrier est le travail, mais le travail sérieux, qui convient à la profession de chacun. Et j'ai dit qu'il se trouverait en donnant paix à la société et liberté au commerce. Il se trouvera surtout en diminuant les impôts qui écrasent l'agriculture; car dans un pays comme le nôtre, toute richesse vient de la terre; laissez à l'agriculteur son bénéfice, il ne le dévorera pas, mais il l'emploiera en dépenses utiles pour lui et pour les autres. Avec son superflu, non seulement il fera travailler l'ouvrier des grandes villes, trop souvent vicieux, aventurier, ou imprévoyant, mais encore et particulièrement l'ouvrier laborieux, économe, rangé, de nos petites villes et de nos campagnes. En vérité, mes concitoyens, vous autres, les ouvriers des arts utiles, vous vous êtes laissés égarer par d'étranges doctrines bien funestes à vos intérêts. Songez-y: tout l'argent qu'on tirera par l'impôt de la bourse du riche c'est en fin de compte de la vôtre qu'on l'enlèvera. Seriez-vous certains qu'il fût versé sur les artisans et les ouvriers, vos frères des grandes villes, vous seriez encore dupes de votre générosité. Le produit des industries des grandes villes inonde déjà nos petites villes; vous contribueriez ainsi à développer cette concurrence fatale qui vient vous ôter le travail et le pain, hélas! sans beaucoup de profit pour vos frères malheureux.

Concitoyens, autrefois les amis du Peuple réclamaient des gouvernemens la diminution des impôts, et avec cela des garanties pour la liberté, la fortune et l'industrie de chacun. Que sont aujourd'hui ces démocrates qui inventent des impôts sous toutes les formes? Impôt sur le revenu, impôt progressif, impôt sur les créances hypothécaires, impôt sur les successions, que sais-je, impôt sur les chiens, impôt sur les habits et les chapeaux. Ces hommes qui veulent par tous les moyens et toujours remplir la caisse de l'Etat pour la vider sans cesse? Ces hommes qui, au nom de l'intérêt du Peuple, viennent professer les doctrines qui ont fait les voleurs et les assassins de tous les temps, sont, croyez-moi, des charlatans ou des dupes, et leurs remèdes sont des drogues empoisonnées.

—»»»〇⊗〇«««—

CHAPITRE IV.

REMÈDES A LA SITUATION
PRÉSENTE.

Ce n'est pas tout d'avoir montré le danger de certaines doctrines; la patrie souffre. Les véritables amis du Peuple doivent dire comment ils entendent la soulager.

Quand un pays a été long-temps tourmenté par la fièvre des révolutions, son premier besoin est le repos, et c'est l'ordre qui le lui procure. A l'abri de l'ordre la confiance renaît, le commerce reprend son activité, la richesse circule, l'agriculture refleurit, et bientôt l'ouvrier retrouve son travail et son salaire.

Quand un malade a été épuisé par des saignées abondantes, je veux dire quand une nation s'est vue tirer par l'impôt le plus net de la richesse, la première mesure d'un bon gouvernement, aussitôt le calme rétabli, c'est de couper court aux saignées, je veux dire, de diminuer l'impôt. Mais vouloir la diminution des impôts, c'est aussi vouloir la diminution des dépenses. Et voici en cette matière ce qui est praticable et même facile.

La France doit renoncer à s'occuper des affaires d'autrui pour songer uniquement aux siennes. Prétendre faire des économies et de la propagande révolutionnaire tout à la fois, c'est une folie si ce n'est une tromperie. J'opte pour la paix et l'économie, et dans ce cas l'armée, qui est aujourd'hui de cinq cent mille hommes, peut être réduite à deux cent mille. Cette réduction profitera de deux manières à la patrie : elle laissera environ deux cent millions dans la bourse des contribuables, elle rendra à l'agriculture et à l'industrie trois cent mille hommes jeunes et robustes dont le travail accroîtra la richesse générale.

Quand notre pays aura du repos et du temps, il s'occupera sérieusement de ses réformes intérieures. Les ressorts de l'administration sont trop compliqués et le personnel trop nombreux, pas autant cependant qu'on le pense communément, mais il l'est ; de ce côté l'économie sera minime, mais on doit la faire. Quand une nation souffre, quand la classe ouvrière, même en s'obstinant au travail, a de la peine à s'alimenter, ne serait-ce que pour l'exemple, le gouvernement ne doit pas souffrir que ceux qui reçoivent de l'impôt une rétribution ne l'aient pas bien gagnée par leur travail. J'insiste : dans l'Etat, comme dans une maison bien ordonnée, il n'y a pas de dépenses insignifiantes, il faut veiller à tout. J'entends laisser aux riches leurs biens, mais je n'entends pas que l'Etat fasse des riches. A un certain point de vue, ce dernier abus est plus odieux que le premier, puisqu'il s'exerce aux dépens des pauvres. C'est pourquoi à partir du premier fonctionnaire de la République jusqu'au dernier, il est juste que le traitement soit fixé selon le travail et l'utilité de la fonction. Loin de nous, ces doctrines qui se colorent de l'intérêt du Peuple ou de l'ouvrier, pour entretenir le luxe des grandes villes, et qui tendent à prélever sur la population de nos campagnes la dîme dont s'engraisseront les hauts fonctionnaires. Qu'on se pénètre bien de cette maxime d'aussi bonne politique que d'aussi bonne justice : l'impôt n'est légitime que pour les dépenses absolument nécessaires à la bonne administration du pays, hors de là il n'est qu'une odieuse spoliation. Et voilà qui condamne non pas seulement les socialistes mais encore les brillans économistes de l'école libérale.

Pendant plus de trente ans l'industrie a été favorisée aux dépens de l'agriculture. Une grande partie de l'impôt allait se verser sur des travaux publics ou inutiles ou qui appartenaient à l'industrie privée. Sans désorganiser aujourd'hui les entreprises déjà très-avancées, il serait possible ou de les restreindre ou d'en arrêter le développement. Les spéculations relatives aux chemins de fer ont fait un grand mal à la classe supérieure, en lui donnant la fièvre de l'agiotage et détournant les capitaux du commerce ordinaire ; elles n'en ont pas moins fait à la classe inférieure en la déplaçant et l'accumulant sur certains points du territoire. Quand les travaux cessent, cette multitude nomade ne sait comment subsister et devient un très-grand embarras pour l'Etat.

Repoussons le droit au travail et toutes ces doctrines anti-sociales avec lesquelles on empoisonne le Peuple. Mais que la société sache bien que l'égoïsme mène à la corruption, à la dissolution et à l'anarchie. Une nation, indifférente aux maux de la classe inférieure, mérite peu de vivre ; elle se condamne elle-même par sa propre indifférence. En conséquence un des premiers devoirs du gouvernement est de rechercher les moyens de soulager les souffrances du Peuple. J'en indiquerai ici quelques-uns : consacrer chaque année une somme considérable à l'établissement dans l'Algérie des citoyens les plus pauvres. Constituer des caisses de retraite et de secours pour les ouvriers vieux ou infirmes, leurs veuves et leurs enfans. Doter plus généreusement les établissemens de bienfaisance. Enfin réserver pour les temps de chômage une portion des travaux publics.

Tels sont les vrais remèdes à la situation actuelle ; ils peuvent être tous appliqués, sans bouleverser la société, sans ruiner les finances de l'Etat, sans jeter la terreur dans les esprits ; mais je le déclare, ils ne pourront opérer leur effet qu'autant que l'ordre se consolidera au sein de la société. Et l'ordre ne sera jamais assuré, si, parmi nos concitoyens, les uns ne s'accoutument pas au respect de l'autorité et les autres au respect de la liberté.

www.ingramcontent.com/pod-product-compliance
Lightning Source LLC
Chambersburg PA
CBHW051451060726
47596CB00006B/2725